LA FÊTE

DE LA

MAISON LAROQUE

EN 1890

BORDEAUX

IMPRIMERIE G. GOUNOUILHOU

11 — RUE GUIRAUDE — 11

1890

LA

FÊTE DE LA MAISON LAROQUE

EN 1890

Depuis plusieurs années, M. Laroque, adjoint au Maire, dont la maison de peinture, fondée en 1835, occupe une cinquantaine d'ouvriers, a pris l'habitude de réunir tout son personnel en un banquet fraternel, qu'il préside, et qui sert à cimenter les liens qui unissent le patron et ses ouvriers.

Cette petite cérémonie revêt chaque année un touchant caractère de cordialité, et donne lieu à des manifestations d'une mémorable sympathie.

Le banquet de 1890 a peut-être révélé, plus encore que les précédents, les bons sentiments qui sont dans le cœur de M. Laroque et de tous ses ouvriers. Il s'agissait, en effet, de rendre hommage au mérite d'un des plus anciens parmi ces derniers, et chacun en était heureux.

Ce vétéran de l'atelier Laroque se nomme Eugène Rivet, et voici en quels termes son patron s'exprimait en demandant pour lui une distinction bien gagnée.

C'est à M. le Préfet de la Gironde que s'adressait M. Laroque :

« Monsieur le Préfet,

» J'ai l'honneur de solliciter votre haute protection pour faire obtenir à un honnête ouvrier la récompense que le Gouvernement républicain accorde à ceux qui s'en sont rendus dignes par trente années de bons et loyaux services.

» Eugène Rivet, en faveur duquel j'interviens près de vous, Monsieur le Préfet, est né à Pau (Basses-Pyrénées) en décembre 1837; il est entré dans mes ateliers le 25 juillet 1860.

» Dès les premières années, Rivet s'est fait remarquer par son dévouement et son activité, deux qualités qui lui ont valu la confiance dans ma maison. Atteint d'une cruelle maladie, il a, par trois fois différentes, été obligé de passer neuf mois à l'hôpital où, par suite des efforts de la science, secondée par des soins intelligents et dévoués, il a pu, sans être complètement guéri, se remettre sur pied.

» Rivet a eu cinq enfants dont trois sont décédés à cinq ans, trois ans et six mois; les deux survivants sont deux filles, dont l'une mariée, âgées de vingt-trois et vingt et un ans. Le long chômage auquel il a été astreint pour cause de maladie, ne lui a pas permis de faire des économies; malgré l'ordre de sa femme et l'apport du produit de quelques rares journées de travail, il lui eût été impossible de faire face aux besoins les plus urgents de sa famille s'il n'avait, à ce moment, recueilli un peu la récompense de son dévouement.

» J'ai souvent confié à Rivet des sommes importantes et jamais il n'a failli à son devoir.

» En conséquence, Monsieur le Préfet, je serais bien heureux si ma demande en faveur de ce modeste et loyal serviteur pouvait aboutir; ce serait un vrai bonheur pour moi et un grand exemple pour mes ouvriers, si je pouvais le jour du banquet annuel qui réunit dans une douce intimité contremaîtres, ouvriers et patron, remettre à Rivet, au nom du Gouvernement de la République, cette récompense qui est le légitime orgueil de celui qui a su la mériter dans ses vieux jours.

» Veuillez agréer, Monsieur le Préfet, avec l'expression de ma reconnaissance, celle de mon respectueux dévouement.

» E. Laroque. »

Quelques jours après, M. Laroque recevait de M. le Préfet une lettre lui annonçant que sa demande était favorablement accueillie, et lui demandant l'accomplissement de certaines formalités.

M. Laroque se conforma aux indications contenues dans la lettre de M. le Préfet et la récompense demandée fut accordée.

M. Laroque répondit alors dans les termes suivants :

« Monsieur le Préfet,

» En vous retournant la pièce ci-jointe revêtue de la signature d'Eugène Rivet, permettez-moi de vous remercier du fond du cœur d'avoir bien voulu mettre au service d'un humble, mais très dévoué serviteur, la haute autorité dont vous jouissez à juste titre auprès de M. le Ministre du commerce et de l'industrie, pour lui faire obtenir cette récompense qui a été non seulement acceptée avec bonheur par l'intéressé, mais accueillie avec joie par tout mon personnel et d'autres ouvriers avec lesquels il se trouve en contact journalier.

» Soustraire aux influences malsaines les bons ouvriers, tel est le rôle de ceux qui, comme moi, vivent au milieu d'eux.

» En les encourageant moralement et matérielle·ment, en les protégeant contre les théories malsaines qui, malheureusement, ont commencé à percer dans quelques grands centres, je crois agir dans leur intérêt d'abord. Et puis, au point de vue politique, c'est une excellente chose de les guider par l'exemple.

» Vous m'avez puissamment aidé, Monsieur le Préfet, et c'est pourquoi je vous remercie chaleureusement de nouveau.

» En multipliant cette récompense pour des ouvriers vraiment dignes, le Gouvernement de la République pourra en apprécier les bons effets.

» Veuillez agréer, Monsieur le Préfet, l'expression de mes sentiments reconnaissants et respectueux.

» E. LAROQUE. »

La récompense sollicitée par M. Laroque pour son ouvrier Rivet fut accordée à celui-ci sous la forme d'une « Médaille d'honneur décernée par le Ministre du commerce pour trente années de loyaux services (du 27 juillet 1860 au 19 octobre 1890) ».

M. Laroque eut alors l'idée, que tous ses ouvriers adoptèrent avec enthousiasme, de consacrer le banquet de 1890 à célébrer la remise de cette médaille.

Ce banquet a eu lieu le 19 octobre, à midi, aux Deux-Ormeaux; le maître d'hôtel avait fait preuve de science et de goût dans la confection du menu, et le cuisinier s'était surpassé.

Voici d'ailleurs ce menu :

POTAGES TAPIOCA ET SAINT-GERMAIN.
HUITRES DE MARENNES.
SAUCISSES TRUFFÉES.
FILETS DE SOLES MOUSSELINE.
FILET DE BŒUF SAUCE PÉRIGUEUX.
CIVET DE LIÈVRE SAINT-HUBERT.

HORS-D'ŒUVRE

ANCHOIS. — BEURRE. — RADIS.

PATÉ DE FOIE GRAS TRUFFÉ.
CAILLES SUR CROUTES.
MACARONI.
FROMAGE GLACÉ.

DESSERTS

VINS

GRAND ORDINAIRE.
MÉDOC VIEUX.
VIN BLANC DE BARSAC.

CHAMPAGNE

CAFÉ ET LIQUEURS

Assistaient au banquet, outre les ouvriers, quelques invités, amis particuliers de M. Laroque, et M. Gabriel Routurier, rédacteur à la *Gironde*, représentant ce journal.

Rivet, le héros de la journée, ne s'est pas mis à table en même temps que ses camarades.

Malade depuis déjà longtemps, il n'a pu venir qu'un moment occuper la place d'honneur qui lui était réservée.

Mais quel accueil il a reçu quand il est entré dans la salle ! Tout le monde s'est levé et toutes les mains se sont tendues vers lui.

Rivet est resté jusqu'au moment où M. Laroque, qui présidait le banquet, a pris la parole pour faire l'éloge de son vieil ouvrier et pour adresser à l'assemblée les plus sages conseils.

Voici le discours de M. Laroque :

« MES CHERS AMIS,

» Laissez-moi, tout d'abord, vous exprimer le regret de ne pas voir ici quelques-uns de vos camarades. Il en est dont j'ai dû me séparer momentanément : la maladie étreint Lartigue, Mathieu est auprès de sa femme malade, et Lange, son ami, nous a été enlevé par la mort il y a quelques mois à peine.

» Comme tous les ans à pareille époque, je vous ai réunis pour affirmer les liens qui nous rattachent, et vous exprimer ma sincère satisfaction pour le concours dévoué que vous m'apportez.

» Je le fais toujours avec grand plaisir ; c'est une manière de vous honorer en m'honorant moi-même.

» Je ne puis me rappeler sans émotion que l'année dernière, lorsque spontanément vous m'avez offert ce magnifique bronze, témoignage de votre estime et de votre affection, j'ai éprouvé un des grands bonheurs de ma vie : vous vouliez fêter la distinction qui venait de m'être accordée (¹).

___

(¹) M. Laroque venait d'être nommé officier d'Académie.

» Mais aujourd'hui j'ai un autre motif d'être heureux.

» Dans cette fête de famille, j'ai de plus, en effet, la joie de pouvoir remettre à l'un de vous, au nom du Gouvernement de la République, toujours prêt à discerner le mérite partout où il se trouve, la juste et légitime récompense que lui valent trente années de labeur incessant, de probité soutenue, d'absolu dévouement à ses devoirs professionnels.

» Notre ami et collaborateur Rivet — vous l'avez tous nommé avant moi — a été jugé digne de cette inestimable distinction à laquelle il avait tant de titres.

» Entré dans l'atelier le 27 juillet 1860 comme simple ouvrier, il s'est, dès les premiers jours, fait remarquer par sa modestie, son exactitude, son activité, et a su s'assurer d'abord la confiance de mon père et ensuite la mienne.

» Aussi lui ai-je fait abandonner depuis dix ans le travail plus pénible du chantier pour lui donner les fonctions de garde-magasin, et n'ai-je jamais hésité, sans avoir jamais à m'en repentir, à lui laisser le maniement de fonds parfois importants, avec toute la sécurité que m'aurait offerte mon propre coffre-fort.

» La maladie douloureuse qui vient de le tenir éloigné de nous pendant quelques mois, ne nous l'ont rendu que plus cher en nous faisant mieux apprécier l'importance de ses services.

» Comme je le disais tout à l'heure, Rivet n'a pas été un seul jour infidèle à sa tâche. Comment se fait-il que, malgré l'esprit d'ordre et de stricte économie de sa digne compagne, il n'ait pu réaliser des ressources pour ses vieux jours? N'en accusez que des circonstances malheureuses qui ont contrarié ses efforts. Eh bien! ou je me trompe fort ou Rivet n'en sera que plus touché de recevoir, en ce moment, au milieu de ses camarades d'atelier, unanimes dans leur sentiment, cette récompense qui le consolera de ses revers immérités et dont les siens auront le droit d'être fiers.

» Rester honnête dans l'épreuve, comme l'a été Rivet, est le meilleur et le plus sain de tous les exemples.

» Imitez-le donc, mes chers amis. Quelques-uns d'entre vous seront peut-être, matériellement, plus heureux que lui; d'ouvriers, ils pourront, à leur tour, devenir patrons; mais, qu'ils ne l'oublient pas, si l'intelligence et la complicité des circonstances peuvent conduire à l'aisance et même à la fortune, l'effort et le travail peuvent seuls légitimer et faire accepter la réussite.

» Permettez-moi de payer, à ce sujet, mon tribut filial à la mémoire vénérée de mon père. Simple ouvrier lui aussi dans ses débuts, il a exigé de moi que je commençasse comme lui et je ne saurais lui en rendre trop de gratitude.

» C'est parce que j'ai connu le véritable ouvrier que j'ai appris à l'aimer, à l'encourager et à l'aider. J'ai dit : le véritable ouvrier, c'est-à-dire celui qui travaille et qui sait se tenir en garde contre les théories décevantes que des gens intéressés, mus uniquement par des désirs pervers, font retentir à ses oreilles.

» Ce n'est pas en excitant les appétits malsains, en provoquant des grèves, toujours néfastes, qui ont pour premier résultat la désertion de l'atelier, et pour conséquence la misère de ceux que l'on exploite ainsi, que l'on sert utilement la grande et sainte cause du prolétariat.

» C'est, au contraire, dans une sage collectivité, dans la voie d'une mutualité bien comprise, que le plus grand nombre d'entre vous, ceux qui doivent rester dans le rang, peuvent trouver la rémunération de leur peine, le pain de leur famille et la satisfaction de leur conscience. Hors de là il n'y a, croyez-le bien, que désordre, déception et infortune.

» En terminant, mes chers amis, je bois à Rivet, le héros de cette fête, à vous tous et à votre avenir.

» Vous vous associerez, je n'en doute pas, aux remerciements que j'adresse à notre ami, M. Routurier, qui a bien voulu assister à cette réunion et qui sortira d'ici, convaincu de l'entente cordiale qui existe entre nous. »

Le discours de M. Laroque a produit sur ses auditeurs une profonde impression, et les applaudissements qui l'avaient accueilli ont redoublé lorsque M. Laroque a remis à Rivet le diplôme qui lui rappelait la distinction qui venait de lui être accordée.

Après M. Laroque, c'est M. Darrieusec, contremaître, qui, au nom de tous ses camarades, a dit à Rivet les sentiments fraternels qu'ils éprouvaient pour lui. Puis il lui a remis un magnifique bouquet.

Une surprise attendait alors M. Laroque.

Un autre contremaître, M. Tissedoux, s'est approché et a remis au sympathique patron deux statuettes très fines, très élégantes, représentant deux de ces augures « qui ne pouvaient se regarder sans rire ». Véritable objet d'art, qui prouve le bon goût des ouvriers de M. Laroque.

La charité a eu son tour ensuite. Une quête a été faite au profit de l'Hospitalité de nuit; la somme recueillie a été versée dans le tronc installé à cet effet dans les ateliers de M. Laroque. Depuis quelque temps, en effet, les ouvriers versent dans ce tronc, et quand la somme sera suffisante, un lit sera fondé à l'Asile de nuit au nom des ouvriers et de leur patron.

Cette fête charmante s'est continuée par des chansons. On s'y entend, on le sait, parmi les peintres, à dire la chansonnette et à chanter la romance.

Les convives se sont séparés enchantés et comprenant toute l'importance de cette journée.

Ne venaient-ils pas de mettre en pratique la solidarité qui est une des principales vertus de la démocratie? On ne saurait donner un meilleur exemple.

Bordeaux. — Imp. G. GOUNOUILHOU, rue Guiraude, 11.